BEI GRIN MACHT SICH
WISSEN BEZAHLT

- Wir veröffentlichen Ihre Hausarbeit,
  Bachelor- und Masterarbeit

- Ihr eigenes eBook und Buch -
  weltweit in allen wichtigen Shops

- Verdienen Sie an jedem Verkauf

Jetzt bei www.GRIN.com hochladen
und kostenlos publizieren

Julian Dehne

Politische Öffentlichkeit und partizipative Demokratie im Internet

GRIN Verlag

Bibliografische Information der Deutschen Nationalbibliothek:

Die Deutsche Bibliothek verzeichnet diese Publikation in der Deutschen National-
bibliografie; detaillierte bibliografische Daten sind im Internet über http://dnb.d-
nb.de/ abrufbar.

Dieses Werk sowie alle darin enthaltenen einzelnen Beiträge und Abbildungen
sind urheberrechtlich geschützt. Jede Verwertung, die nicht ausdrücklich vom
Urheberrechtsschutz zugelassen ist, bedarf der vorherigen Zustimmung des Verla-
ges. Das gilt insbesondere für Vervielfältigungen, Bearbeitungen, Übersetzungen,
Mikroverfilmungen, Auswertungen durch Datenbanken und für die Einspeicherung
und Verarbeitung in elektronische Systeme. Alle Rechte, auch die des auszugsweisen
Nachdrucks, der fotomechanischen Wiedergabe (einschließlich Mikrokopie) sowie
der Auswertung durch Datenbanken oder ähnliche Einrichtungen, vorbehalten.

Impressum:

Copyright © 2010 GRIN Verlag GmbH
Druck und Bindung: Books on Demand GmbH, Norderstedt Germany
ISBN: 978-3-656-33156-8

Dieses Buch bei GRIN:

http://www.grin.com/de/e-book/206133/politische-oeffentlichkeit-und-partizipative-
demokratie-im-internet

GRIN - Your knowledge has value

Der GRIN Verlag publiziert seit 1998 wissenschaftliche Arbeiten von Studenten, Hochschullehrern und anderen Akademikern als eBook und gedrucktes Buch. Die Verlagswebsite www.grin.com ist die ideale Plattform zur Veröffentlichung von Hausarbeiten, Abschlussarbeiten, wissenschaftlichen Aufsätzen, Dissertationen und Fachbüchern.

Besuchen Sie uns im Internet:

http://www.grin.com/

http://www.facebook.com/grincom

http://www.twitter.com/grin_com

Politische Öffentlichkeit und partizipative Demokratie im Internet

Julian Dehne

09.06.2011

Student:
Julian Dehne,
B.A. European Studies
Fachsemester: 06
Hochschulsemester: 08

Institution:
Universität Potsdam

Inhaltsverzeichnis

Zusammenfassung

Das Ziel von diesem Aufsatz ist es, ein Leitbild für die Demokratie der Informationsgesellschaft zu entwerfen. Dieses muss sich auf zwei Säulen stützen: Die normative Begründung der Thesen und die technologischen Randbedingungen. Demokratie soll dabei aus der Politikwissenschaft heraus normativ definiert werden. Wir betrachten dabei als wichtigste Kategorie die Willensbildung des Volkes in Form der Partizipation.

1 Einleitung

If everyone has a voice, no one really has a voice. Any single voice will be drowned out by many thousands of "Gee, this is my blog, I thought it would be a good idea to start one because my cat is so cute. I'll post pictures of my cat and I love Jesus."[1]

Das Zitat stammt von einem anonymen Blogger, der sich um die Zukunft von Öffentlichkeit und Demokratie Sorgen macht. In dieser Arbeit wird der Frage nachgegangen, in welchem Verhältnis Öffentlichkeit und Internet zueinander stehen. Angenommen, eine partizipative Demokratie sei eine gute Sache, wie trägt das Internet dazu bei? Meine These lautet, dass das Internet bei anhaltendem, naiven Optimismus die Erwartungen an eine bessere, partizipative Demokratie à la Habermas enttäuscht. Ich behaupte, dass das Internet keine staatsferne Sphäre ist, sondern durch gewisse technische und gesellschaftliche Parameter begrenzt wird. Dabei gehe ich davon aus, dass das Internet eine Mindestgrenze an Öffentlichkeit gewährleistet, aber nicht das Idealbild eines herrschaftsfreien Diskurses erfüllt.

Die Trennlinie zwischen Technologie und Demokratie liegt für die meisten Menschen auf der Hand. Technologie führt zu sichtbaren Ergebnissen und verändert unsere Lebensgewohnheiten. Demokratie dagegen gilt selbst für Experten als abstrakt und schwer zu durchschauen. Es gibt einige wenige Politologen, die versuchen, Demokratie empirisch messbar zu machen. Diese scheitern meistens bereits an der Operationalisierung des Begriffs Demokratie.

---

[1]Vgl. MATTHEW SCOTT HINDMAN, The myth of digital democracy. Princeton, NJ: Princeton Univ. Press, 2009, ISBN 978–0–691–13868–8, S. 38.

Der Technischer Fortschritt und die Demokratie hängen zusammen. Intuitiv ist diese These leicht nachvollziehbar. Wenn sich die Gesellschaft verändert, dann ändert sich die Konstellation der Machtverhältnisse. In der Wissenschaft ergibt sich aber methodisch ein großes Problem. Die Veränderungen in der Nutzung von neuen Medien ist empirisch nur schwer oder garnicht messbar. Die Auswirkungen auf die Gesellschaft, das Wahlverhalten, die Kultur u.s.w sind derart komplex, dass sie sich nur unter enormen Aufwand empirisch untersuchen lassen.

Die deduktive Herangehensweise ist sehr populär, da sie sich im Gegensatz zur Empirie leichter umsetzen lässt. Wenn man Demokratie anhand von Partizipation, Transparenz, Medien und ähnlichen Kategorien definiert, so erlangt man Schlussfolgerungen über Zusammenhänge. Das Problem besteht darin, dass diese in sich logisch wirken, aber nur schwer mit anderen Modellen verglichen werden können. Der resultierende Dschungel an Theorien führt dazu, dass eine allgemeingültige Aussage beinahe unmöglich wird.

Aus diesen Überlegungen heraus wird deutlich, dass es hier nicht darum gehen kann, allgemeingültige Aussagen zu treffen. Vielmehr sollen die wichtigsten Leitplanken der wissenschaftlichen Diskussion dargestellt werden. Dabei reflektiere ich normative Ideale für eine demokratische Informationsgesellschaft und vergleiche sie mit den Entwicklungen im Internet. Im Resümee fasse ich die Wirkungen des Internets auf die Demokratie zusammen und beantworte die Frage, ob das Internet die Erwartungen einer wahrhaft partizipativen Demokratie erfüllt hat.

2   Stand der Forschung

Der Wissenschaftsdiskurs zu diesem Thema ist alles andere als einheitlich. Feenberg[2] diskutiert in *Questioning Technology* den Zusammenhang zwischen Technologie und Politischer Theorie. Schlesinger[3] schaut von einer in-

---

[2]Vgl. ANDREW FEENBERG, Questioning technology. Reprinted. Auflage. London: Routledge, 2004 (Website verfügbar auf: http://www.gbv.de/dms/bowker/toc/9780415197557.pdf), ISBN 0415197546.
[3]Vgl. ARTHUR SCHLESINGER JR., Has Democracy a Future? Foreign Affairs, 76 [1997], Nr. 5, p 2–12 (Website verfügbar auf: http://www.jstor.org/stable/20048196), ISSN 00157120.

ternationalen Perspektive auf Demokratie und gesellschaftlichen Wandel. Andere Autoren wie Olaf Winkelt haben versucht die bestehenden Strömungen zu ordnen.

Winkelt unterscheidet zwischen Technologie skeptisch gegenüber stehenden Denkschulen, und solchen, die in ihr eher eine Gefahr sehen. Neben den forschern, die Befürchtungen bezüglich der Privatsphäre hegen, gibt es diejenigen, die den Zugang zum Internet betrachten: Kring und Riehm[4] untersuchen Inklusion und Exklusion als soziale und politische Dimensionen im Netz.

Neuberger[5] betrachtet den Zusammenhang zwischen traditioneller Öffentlichkeit (Zeitung, Fernsehen, Radio) und dem Internet. Sein Augenmerk liegt auf dem Journalismus. Der Journalismus sei durch seine Professionalität und seine kritische Auseinandersetzung mit relevanten Themen für die politische Öffentlichkeit unverzichtbar. Die neuen Medien würden jedoch den klassischen Journalismus unterwandern.

---

[4]Vgl. ULRICH RIEHM, Bürgerbeteiligung durch E-Petitionen: Analysen von Kontinuität und Wandel im Petitionswesen. Band 29, Studien des Büros für Technikfolgen-Abschätzung beim Deutschen Bundestag, Berlin: Ed. Sigma, 2009, ISBN 9783836081290.
[5]Vgl. NEUBERGER.

Donges unterscheidet zwischen optimistischen und skeptischen Sichtweisen. Diese unterteilt er hinsichtlich ihres Blickwinkel auf das politische System (Vgl. Abbildung 1).

Abbildung 1: Sichtweisen auf elektronische Öffentlichkeit

	Enthusias-tische	Position	Skeptische Position
	Radikal plebiszitär	Gemäßigt delibera-tiv	
Verhältnis zum politischen System	Umbau	Stärkung	Keine bis wenig Ver-änderungen
Theoretisches Modell von Öffentlichkeit	Stark diskurs-theoretisch	Eher diskurs-theoretisch	Eher system-theoreti-sches Spie-gelmodell
Fokus auf	Inputseite (techni-scher Zu-gang)	Inputseite (techni-scher Zu-gang)	Outputseite (Anschluss-kommunika-tion)
Verhältnis zur „bisherigen" Öffentlichkeit	„zweite" Öf-fentlichkeit	Erweite-rung Öf-fentlich-keit	Hilfsmittel für bisherige Ak-teure
Empirischer Bezugs-punkt	Sonderfälle des politi-schen Pro-zesses	Sonder-fälle des politi-schen Prozes-ses	„Normalfall" des politi-schen Pro-zesses

Quelle: nach Donges 2000: 258, in: Jarren/Donges 2002: 132

Wels[6] unterscheidet drei Kategorien, nach denen das Internet in Bezug auf Öffentlichkeit beurteilt werden kann: **Gleichheit**, **Offenheit** und **Diskursivität**. Diese Begriffe werden wir in dem Kapitel zu Peters noch einmal beleuchten, und verwenden sie dann als Kriterien zur Einschätzung, welchen Einfluss das Internet auf die Demokratie hat. Die Struktur von Wels zur Analyse der Thematik wird teilweise für diesen Aufsatz übernommen. Es werden aber andere Schwerpunkte gesetzt.

---

[6]Vgl. HANS-GEORG WELS, Politische Öffentlichkeit und Kommunikation im Internet. Aus Politik und Zeitgeschichte, [2002], Nr. B39-40, 3–11 (Website verfügbar auf: http://www.bpb.de/publikationen/SXPAD4,0,Politische_%D6ffentlichkeit_und_Kommunikation_im_Internet.html) – Zugriff am 11.06.2011.

3 Theorie der Öffentlichkeit

3.1 Definitionen und Prämissen

Da dieser Aufsatz eine Verbindung zwischen Öffentlichkeit und Demokratie zieht, müssen auch die Prämissen aufgedeckt werden, auf denen dieser Gedanke ruht. Denn es ist streitbar, ob es einen solchen Zusammenhang zwischen Kommunikation und Demokratie überhaupt gibt. Es handelt sich dabei, um ein spezielles Demokratieverständnis, welches man in der Politikwissenschaft unter partizipatorische Demokratietheorien einordnet. Andere Theorien und Definitionen sehen diese Verbindung als weniger wichtig oder gar konstruiert an. Hierfür gibt es bereits vielfach publizierte rhetorische Muster, die das Einführungsbuch in Politikwissenschaft füllen können, aber hier nicht wiederholt werden. Im Folgenden werden einige Grundideen dieser Annahme erörtert. Dabei geht es mir darum, die entscheidenden Begriffe sauber zu definieren, um nicht dem Muster schwammiger Begrifsdefinitionen wie `Mediakropolis`, `Web 2.0`, `Republic 2.0`, `Blogosphere` oder `Cyberdemocracy` zu folgen.

Zunächst müssen wir den Zusammenhang zwischen Öffentlichkeit, Partizipation und Demokratie herstellen. Danach können wir den Einfluss des Internets auf die Öffentlichkeit und damit auch auf die Demokratie untersuchen.

Wir gehen bei allen Überlegungen von einem **Politischen System** aus. Das Lexikon für Politikwissenschaft definiert das Politische System wie folgt:

Im Verständnis der Systemtheorie ist das politische System ganz allgemein dasjenige gesellschaftliche Teilsystem, das für die Produktion kollektiv verbindlicher Entscheidungen zuständig ist. Der Systembegriff impliziert die Vorstellung einer zum Gleichgewicht tendierenden, intern in eine Vielzahl interdependenter Elemente, Rollen und Prozesse differenzierten Einheit, die von einer sozialen, kulturellen, ökonomischen und physischen Umwelt unterscheidbar, mit dieser aber durch wechselseitige Austauschprozesse verbunden ist.[7]

Das politische System ist nach dieser Definition durch Eingaben und Ausgaben mit seiner Umwelt verbunden. Eine Schnittstelle stellt die Öffentlichkeit dar. Die Öffentlichkeit ist Überbegriff für die durch Kommunikation hergestellte Koppelung des politischen Systems an die physische Existenz der Bürger.

Öffentlichkeit ist ein abstrakter Begriff, dessen Nützlichkeit bei der Beurteilung des Internets gezeigt werden muss. Öffentlichkeit wird in dem Lexikon der Politikwissenschaft so definiert, dass sie als Merkmal einer Situation oder als abstrakten Begriff der politischen Theorie gedeutet werden kann. Unter Öffentlichkeit verstehen wir hier demnach einen Begriff, den die im 18. Jh. selbstbewusster werdenden Bürger verwendet haben, um politisches Handeln der Herrschenden diskutieren und kommentieren zu können. Das Lexikon der Politikwissenschaft verweist daher auch auf die normative Bedeutung des so verwendeten Begriffs. Da hier auf die demokratische Funktion rekurriert wird, werden wir im Folgenden von **Politischer Öffentlichkeit** sprechen.[8]

Einen letzten Begriff brauchen wir noch, um den Zusammenhang zwischen Öffentlichkeit und Demokratie zu verdeutlichen. Das ist der Begriff der **Partizipation**. Es wird bei dieser zwischen einem instrumentellen und normativen Verständnis unterschieden. Da wir einen normativen Ansatz verfolgen, ist hier die letztere Sichtweise entscheidend. Bei dieser geht es nicht nur um Einflussnahme und Interessendurchsetzung, sondern um Selbstver-

[7]Vgl. DIETER NOHLEN und RAINER-OLAF SCHULTZE, Lexikon der Politikwissenschaft: Theorien Methoden Begriffe. Band 1464, Beck'sche Reihe, Orig.-Ausg., 4., aktualisierte und erg Auflage. München: Beck, 2010, ISBN 9783406592348, S. 746.

[8]Vgl. DIETER NOHLEN und RAINER-OLAF SCHULTZE, a. a. O., S. 603.

wirklichung im Prozess des direkt-demokratischen Zusammenhandelns und um politisch-soziale Teilhabe in möglichst vielen Bereichen der Gesellschaft.[9] Durch Einflussnahme und Interessendurchsetzung wie auch sozialer Teilhabe an der Gesellschaft möglichst vieler Bürger verwirklicht sich die demokratische Idee. Für dieses Ideal ist es notwendig, dass jene möglichst stark an das politische System gebunden sind. Es zeigt sich, dass Partizipation und Öffentlichkeit zwei Seiten einer Medaille sind. Während Öffentlichkeit eher auf die Struktur der Zugangsmöglichkeiten und Kommunikationssteuerung abhebt, beschreibt Partizipation den gleichen Vorgang nur diesmal aus der Perspektive des Individuums. [10]

Wenn wir die Partizipation in der deutschen Demokratie betrachten, dann ist meistens eine diskursive gemeint. Durch die negativen Erfahrungen in der Weimarer Republik bedingt, sind direkt-demokratische Elemente unter politischen Eliten verpönt. Die Legitimation der Demokratie wird in Deutschland weitestgehend durch die Bündelung der Volkssouveränität mittels repräsentativer Wahlen erreicht. Für die Wahlen ist der öffentliche Meinungsstreit ausschlaggebend. Daher spricht man auch in Deutschland von den Medien als vierte Gewalt neben der Jurisdiktion, der Exekutive und der Legislative.

Wenn wir den Einfluss des Internets auf die Demokratie betrachten wollen, beziehen wir uns au diesen Gründen vorwiegend auf die Medien. Andere Einflüsse wie die veränderten Arbeitsbedingungen im Parlament, die juristische Problematik die Telefunkgesetzgebung auf das Internet zu übertragen oder die neuen Varianten des Bürgerprotestes können hier nur gestreift werden. Eine holistische Betrachtung aller Einflüsse der Technologie auf die politische Kultur würde zu eine Philosophie der Technik führen, die hier den Rahmen sprengen würde. Wir konzentrieren uns daher auf die Medien, da hier der kausale Zusammenhang vergleichsweise plausibel darzustellen ist.

Medien sind eine Art institutionalisierte Öffentlichkeit, die nach festen Regeln arbeiten. Wenn ich von „institutionalisiert" spreche, dann meine ich damit, dass sie sich aus der Kultur heraus zu einem festen Bestandteil unserer

---

[9]Vgl. DIETER NOHLEN und RAINER-OLAF SCHULTZE, a. a. O., S. 647–649.
[10]Die politikwissenschaftlich vorbelasteten Leser werden hier an die Unterscheidung von agents und structures denken.

Gesellschaft entwickelt haben. Sie sind die praktische Kehrseite der abstrakt gedachten Öffentlichkeit, da sie eine Grundlage für Kommunikation darstellen. Um einen Trend in den Medien - und dem Internet als Teil von ihnen - zu beschreiben, müssen wir eine gewisse historische Einbettung der Medien in den politischen Prozess vornehmen, da sonst die Betrachtung zu eine Blitzlichtaufnahme im Stile eines Blogeintrages verkommt. Hier hat Habermas Pioneersarbeit geleistet und kann daher als Orientierung dienen.

3.2 Öffentlichkeit bei Habermas

Habermas löst das Problem einer eindeutigen Begrifflichkeit von Öffentlichkeit, indem er ausgehend von dem europäischen Mittelalter eine Geschichte der Öffentlichkeit und deren Begriff beschreibt. Er gibt in dem Vorwort zu Strukturwandel der Öffentlichkeit zu, dass seine Thesen mit nicht immer einwandfreien geschichtlichen Fakten gestützt sind. Wenn man einen Denker, der vor 50 Jahren geschrieben hat[11], als Inspirationsquelle nutzt, ergibt sich immer das Problem, das die Forschung neue Erkenntnisse gewonnen hat, die so manche Prämisse zu Fall bringen. Nichtsdestoweniger sind viele der Ideen und Schlüsse gültig und ihre Erinnerung kann den heutigen Diskurs beleben. Nehmen wir an, es hätte die historische Entwicklung, wie sie Habermas vorzeichnet, tatsächlich gegeben. Dann lassen sich Schlussfolgerungen für die heutige Legitimation des Staates ziehen. Wir gewinnen durch die Annahme dieses Gedankenkonstruktes nicht nur starke Begriffe, sondern auch einen Kriterienkatalog, der uns bei der Beurteilung von Internet und Demokratie helfen kann.

Nach Habermas gewinnt Öffentlichkeit mit der politischen Integration des dritten Standes während der Französischen Revolution zum ersten Mal ihre heutige Bedeutung. Vorher war die Öffentlichkeit keine gesamtgesellschaftliche Größe. Es gab Informationssysteme für Händler, Fürsten und gelehrte Zirkel. Für die meisten Menschen, die nicht lesen oder schreiben konnten, war das Wort der Priester die einzige intellektuelle Nahrungsquelle. Die Be-

---

[11] Wir orientieren uns an dem *Strukturwandel der Öffentlichkeit*. Dem Verlauf seines Schreibens bis 2010 hermeneutisch nachzugehen fehlt die Zeit.

kanntgabe von Gesetzen und allgemeingültigen Regeln dagegen ist schon seit römischen Zeiten eine integraler Bestandteil von Herrschaft. Der qualitative Unterschied zwischen dieser Form des Informationsaustauschs und dem heutigen Verständnis von Öffentlichkeit ist die Richtung der Informationsflusses. *Öffentlich*, in dem althergebrachten Sinne, wird daher mit dem Staat konnotiert, da dieser als Ersatz für die Herrschaft eines Fürsten die *öffentlichen Güter* bereitzustellen hat und mit der *öffentlichen Hand* die Beziehungen zwischen den Bürgern regelt. Aber schon in den Salons von Paris oder der aufkommenden Presse wird der eindimensionale Informationsfluss in Ansätzen verändert. Habermas beschreibt, wie sich im 19. Jahrhundert die Amtsblätter zu Zeitungen entwickeln, in denen Gelehrte dem normalen Bürger Hinweise zum richtigen Leben geben. In Großbritannien bildet sich kritischer Journalismus aus, der den König dazu zwingt, auf das Parlament Rücksicht zu nehmen, da er sonst befürchten muss, vor seinen Untertanen den Ruf zu verlieren. Der Journalismus trägt also dazu bei, aus der offiziellen Mitwirkung des *House of Commons* eine faktische zu machen. In Deutschland dagegen entwickelt sich die kritische Meinung in den Lesezirkeln, die bis in die heutige Zeit Auswirkungen auf die in Deutschland verbreitete Lesekultur zeigen. Die Richtung des Informationsflusses wechselt von dem Monopol der Herrschenden Elite zu einem Massenmedium.

Habermas schreibt seine Arbeit zum Strukturwandel der Öffentlichkeit in einer Zeit, in der es in Deutschland um die Bedeutung der *neuen Medien* Fernsehen und Radio geht. Das sogenannte Adenauer Fernsehen bewegt die Gemüter. Das Bundesverfassungsgericht muss die Freiheit der Presse schützen. Habermas entwickelte damals die These, dass es für eine gute Gesellschaft notwendig ist, dass es eine funktionierende Öffentlichkeit gibt. Denn ohne gehört zu werden, bleibt das Recht zu wählen weitesgehend eine bloße Formalität, kein Ausdruck von Volkswillen. Dies bedeutet, dass der mit den allen zugänglichen Medien verbreitete Informationsfluss multidimensional und unabhängig verlaufen sollte. Habermas prägt hierfür das bekannte Schlagwort *herrschaftsfreier Diskurs*. In diesem Licht erscheint vielen das Internet als der Heilsbringer vorher durch Zensur und Zugang zu den Medien gehemmter Gesellschaften.

3.3 Öffentlichkeit bei Peters

Mit Habermas ist die Diskussion um die Rolle der Öffentlichkeit in der Demokratie noch nicht beendet. Da dieser eher theoretisch gearbeitet, stellt
sich die Frage nach der Operationalisierung, der Anwendung der Ideen. Im
Gegensatz zu Habermas hat sich Bernhard Peters intensiver mit dem Begriff
der *öffentlicher Kultur* beschäftigt. Er vermeidet damit den Trugschluss, dass
Öffentlichkeit und diskursive Öffentlichkeit übereinstimmen. Öffentliche Vernunft, die ein wesentliches Merkmal der diskursiven Öffentlichkeit darstellt,
ist bei allgemein zugänglicher Kommunikation nicht zwingend gegeben. Dass
nicht jede Kommunikation rational ist, lässt sich durch ein Gegenbeispiel
zeigen. Ein Gegenbeispiel sind "hate radios", die mit vernünftigem Diskurs
nichts gemein haben.

Mit öffentlicher Kultur zielt Peters auf einen soziologischen Kulturbegriff
ab, der sich unterscheidet von hoher Kultur (Musik oder Kunst) unterscheidet. Er umfasst im Allgemeinen das gesellschaftliche Gedächtnis von Normen,
Traditionen, Symbolen, Sprache u.s.w.. Mit **öffentlicher** Kultur beschreibt
Peters *Think Tanks*, PR-Agenturen, Expertenzirkel und sonstige institutionalisierte Elemente, die dieser ihre Struktur geben. Diese kann man mit Hinweis
auf den Strukturalismus als eine abstrakte Funktion ansehen, die zwischen
verschiedenen Elementen eines Systems (hier die Gesellschaft) eine Relation
herstellt.

Die Öffentliche Kultur ist der Inbegriff von ermöglichenden und einschrän-
kenden Bedingungen für Kommunikation in einem Gemeinwesen. Sie fun-
giert wie eine Schleuse, die Kommunikationschancen öffnet und schließt. Sie
bestimmt die Pfadabhängigkeit politischer Auseinandersetzungen wesentlich
mit und ist nach Peters durchaus national verschiedenartig.

Eine andere, anschaulichere Charakterisierung von politischer Kultur ist
die eines Subtextes von politischem Regelwerk, interaktiven Meinungs- und
Willensbildungsprozessen und rechtsförmigen Programmen. Peters hebt sich

von Habermas im Wesentlichen dadurch ab, dass er nicht-diskursive Elemente der Öffentlichkeit mit berücksichtigt. Ein weiteres Unterscheidungsmerkmal ist die Praxisbezogenheit bei Peters. Dieser versucht die normativen Ideen zur Öffentlichkeit zu operationalisieren und damit empirisch fassbar zu machen. Denn die Theorie der Öffentlichkeit scheint dem Außenstehenden abstrakt und realitätsfern. Wie sollen alle Menschen gleich kompetent in allen Themengebieten mitreden können? Existieren nicht zahllose Hindernisse, die den gewöhnlichen Menschen davon abhalten von allen gehört zu werden? Diese Fragen sind rhetorischer Natur und entlarven die Theorie von Habermas als idealistisch im positiven Sinne. Die Idee des herrschaftsfreien Diskurs wird so zu einem Leitbild, einem erstrebenswerten Ideal, welches als Maßstab für die Praxis - niemals als deren Beschreibung - dienen kann.

Peters benennt grundlegende Strukturen und Funktionen von Öffentlichkeit, die er aus normativen Theorien der Öffentlichkeit wie der von Habermas herausgearbeitet hat (S.62).

Gleichheit und Reziprozität : Die Beteiligung an öffentlicher Kommunikation steht im Prinzip jedermann offen, der bereit und fähig ist, sich in der Öffentlichkeit verständig zu äußern. Nicht nur die Möglichkeit zuzuhören und sich privat ein Urteil bilden zu können, sondern auch sich in der Öffentlichkeit zu äußern und Gehör zu finden, soll gleich verteilt sein.

Offenheit und adäquate Kapazität: Eine weitere Grundbedingung ist eine generelle Offenheit für Themen und Beiträge. [. . .] Es gibt keine Themen, die *a priori* ausgeschlossen wären. Über ihre Relevanz wird in der öffentlichen Debatte entschieden. Damit über kritische Themen auch diskutiert werden kann, ist es notwendig, dass sie transparent sind. Das heißt, dass sie für die Menschen zugänglich sind.

Diskursive Struktur. Auseinandersetzungen über Problemdefinitionen und Lösungsvorschläge werden mit Argumenten ausgetragen, die Anspruch auf eine kollektive Akzeptanz erheben, welche auf geteilter, zwanglos erzielter Überzeugung beruht. Einwände und Kritik sind jederzeit möglich - aber auch die Entkräftung von Kritik. [. . .] Manipulation oder Drohung sind nicht zugelassen. Unter diesen Punkt fällt auch die Freiheit von Zwang durch den

Staat, sofern dieser die Freiheit des Diskurses bedroht.

Das normative Idealbild der Öffentlichkeit ist deswegen so stark rezipiert worden, da es ein grundlegendes Problem der politischen Theorie zu lösen scheint, nämlich die Frage, wie man einen Volkswillen aktivieren kann, ohne dabei die Mitbestimmungsmöglichkeiten der Einzelnen durch Repräsentationsmechanismen zu überschreiben oder zu leugnen.

4 Der Einfluss des Internets auf die politische Öffentlichkeit

4.1 Ursache und Wirkung

Politische Öffentlichkeit haben wir als Teil des politischen Systems, und damit als ein von der Gesellschaft hervorgebrachtes Phänomen definiert. Jetzt stellt sich die Frage, ob das Internet die Gesellschaft beeinflusst, oder umgekehrt. Da wir aber auch von einer systemischen Sicht auf die Gesellschaft ausgegangen sind, können wir neu formulieren, indem wir nach der Rolle des Internets im System fragen. Groß? Klein? Statist? Als Massenmedium ist es auf jeden Fall keine historisch einmalige Neuerung, deren Existenz unabhängige politische Kommunikation gewährleistet. Seit dem Aufkommen des Internets wurden viele Hoffungen in das Internet gesteckt. Das leitende Bild hat sich seitdem enorm gewandelt (siehe Abbildung 2).

> Die Erfahrungen der sozialen Bewegungen in den Ländern Osteuropas Ende der achtziger Jahre [haben] deutlich gezeigt haben, dass selbst unter den Bedingungen der Medienkontrolle in totalitären Regimes die kommunikativen Potentiale des Publikums nicht ausgelöscht werden, sondern im Rahmen informeller Treffen überleben und sich reproduzieren, wodurch sie es schaffen, unter bestimmten historischen Bedingungen als unerschütterlicher Ausdruck eines souveränen Volkswillens ans Licht zu treten.[12]

---

[12]Vgl. FERNANDO MAURICIO GARCÍA LEGUIZAMÓN, Vom klassischen zum virtuellen öffentlichen Raum: Das Konzept der Öffentlichkeit und ihr Wandel im Zeitalter des Internet. 2010, S. 96.

Abbildung 2: Das Internet in der politikwissenschaftlichen Debatte
Graphik aus: SIEDSCHLAG, ALEXANDER (Hrsg.), a. a. O.

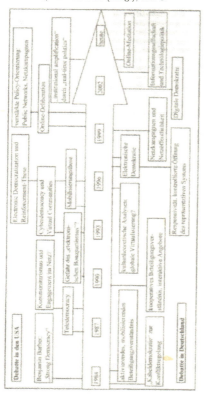

Abbildung 1: Zeitstrahl zum Gang der politikwissenschaftlichen Debatten in Deutschland
und den USA

Dieses Argument entkräftet die überzogenen Erwartungen an das Internet. Dennoch bleibt auch das Gegenteil unbefriedigend. So kann niemand behaupten, die Existenz des Internets würde unser Kommunikationsverhalten *nicht* beeinflussen. Die Tücke liegt in der Definition der Kommunikation selber. Hierzu ist es nützlich, sich auf folgende philosophische Betrachtung einzulassen: Lequizamon[13] trifft hier eine sehr interessante Unterscheidung zwischen **Dialog** und **Diskurs**, die für das Verständnis hilfreich ist. Dialog schafft Wissen, während der Diskurs argumentativ das Wissen validiert. Beide sind jedoch vom Kontext abhängig. Dialog wird durch das Forum, Diskurs durch die Arena befeuert. Das Internet bietet die Möglichkeit Räume von Kommunikation neu zu schaffen. Ein weiterer Unterschied zu den herkömmlichen Medien besteht in der Konfigurierbarkeit der Kommunikation.[14] Kommunikationsplattformen können wesentlich schneller verändert und damit an eine spezielle Situation angepasst werden. Daher müssen wir davon ausgehen, dass das Internet die Kommunikation verändert und damit letztendlich Einfluss auf die Gesellschaft ausübt.

4.2 Herrschaftsfreiheit

Das Internet hat an sich kein Wesen, das von den eigentlichen Menschen, die es betreiben, losgelöst in freiem Raum existiert. Viele Internetoptimisten verweisen auf die Anonymität und die Ubiquität des Internets. Der Hacker und Chatroom-Member existieren troztdem beide in der realen Welt und müssen Entdeckung fürchten. Die Festnahme der Kino.to Betreiber ist hierfür ein Beleg. Technisch gesehen hat auch die Industrie ein Interesse daran, Konsumenten eindeutig identifizieren zu können. Dafür lassen sich Beispiele aus der Praxis finden: Intels neue CPUs (Shapiro) Identifikationsnummern, mit denen einzelne CPUs eindeutig Nutzern zu geordnet werden können. Genauso enthält jede Version von Windows eine seriale Nummer. Es bleibt an dieser Stelle die Frage offen, ob diese Unternehmen ihr Versprechen, diese

---

[13]Ebd.

[14]Vgl. CHRISTOPH BIEBER, Politische Projekte im Internet: Online-Kommunikation und politische Öffentlichkeit. Frankfurt/Main: Campus-Verl, 1999, ISBN 9783593363448, S. 33.

sensiblen Kundeninformationen vertraulich zu verwahren gegenüber interessierten Staatsdiensten halten können.

Es gilt als Volksweisheit, dass das Internet vor staatlichen Grenzen keinen Halt macht. Tatsächlich ist an dieser Aussage weniger dran, als man denken möge. Goldsmith und Wu führen hierzu eine Reihe von juristischen Fällen an, die belegen, dass Internetfirmen verklagt wurden, obwohl sie sich in der Sicherheit des Netzes gewähnt hatten.[15] Zu Beginn des Internets herrschte die Idee, dass das Internet die staatlichen Grenzen sprengen würde und eine neue Gesellschaft hervorbringen könnte[16]. Dabei setzte sich schon damals der amerikanische Staat gegenüber der Entwicklergemeinschaft durch.

Aber auch die multinationalen Internetfirmen können sich der staatlichen Kontrolle nicht entziehen. Yahoo musste sich dem Urteil des französischen Staates beugen, in dem es darum ging, dass Yahoo Seiten sperrt, die Nationalsozialistisches Gedankengut verbreiten. Yahoo argumentierte so, dass es in einer Zwickmühle sei, entweder die Gesetze der Vereinigten Staaten oder die französischen Gesetze zu befolgen. Entscheidend war die technische Frage nach der Möglichkeit der geographischen Lokalisierung von Nutzern. Wenn diese eindeutig als Franzosen bestimmt würden, müsste Yahoo diese auch blocken können. Auf staatlicher Ebene sind geographische Lokalisierungen, sogenannte GEO-Ids praktikabel und werden zur Verfolgung staatlicher Interessen wie der Durchsetzung von Wirtschaftsgesetzgebung genutzt. Yahoo musste daher die entsprechenden Seiten blocken.

Im Allgemeinen können Staaten das Internet mindestens durch nachfolgende drei Herangehensweisen kontrollieren:

- Kontrolle der Struktur des Internets

- Kontrolle der intermediären Systeme

- Kontrolle der Endbenutzer

---

[15]Vgl. JACK L. GOLDSMITH und TIM WU, Who controls the internet? Illusions of a borderless world. Oxford: Oxford Univ. Press, 2008, ISBN 978-0-19-534064-8, S. 50–55.
[16]Vgl. JACK L. GOLDSMITH und TIM WU, a. a. O., S. 13ff.

Kontrolle der Struktur des Internets

Ein weiteres Argument, dagegen, dass das Internet keine herrschaftsfreie Sphäre darstellt, nimmt die Struktur des Internets allgemein unter die Lupe: Das Internet ist nicht das weltumspannende, dezentralisierte Netz, für das es viele halten. Das Internet basiert auf einigen wichtigen Knotenpunkten und physischen Verbindungen. Z.B. hatten große Teile Asiens plötzlich kein funktionierendes Internet, nachdem ein Schlepperkabel in Ägypten eine wichtige Verbindung getrennt hatte. Zudem sind viele Staaten in der Lage das Internet effektiv zu filtern. China setzt an jedem Punkt, an dem sein internes Netz an die äußere Welt anknüpft, eigene Router ein, welche die Datenströme nach Begriffen und IP-Adressen, welche die chinesische Regierung als gefährlich einstuft, durchforsten.[17]

Innerhalb des Landes gibt es auch ein Filtersystem, welches durch eine große Menge an Propaganda-Beauftragen, aber auch durch technische Infiltration der Endgeräte und deren Software durchgesetzt wird. In China geht die Tendenz dahin, dass der Staat die Struktur des Internets an sich verändert, indem alle Daten über Server der Regierung geroutet werden, und damit das Internet in WANs (Wide Area Networks)[18] unterteilt wird, welche leichter zu kontrollieren sind.[19] So versucht China auch international, Protokolle durchzusetzen, welche die Überwachung durch den Staat einfacher machen. Die Struktur des Internets ist also weder Gott-gegeben noch frei von Manipulation.

Kontrolle der intermediären Systeme

Die meisten westlichen Staaten gehen jedoch subtiler als China vor. Sie üben Einfluss auf die intermediären Systeme wie Kreditgeber, Anbieter von Internetdiensten, oder Interessengruppen aus. Hierbei befinden sie sich in einem Zwiespalt zwischen Durchsetzung legitimer Souveränität zum Schutze von

---

[17]Wir sollten daher in der Universität Potsdam keine Router von Cisco einsetzen, da wir dadurch die Praxis von Cisco Systems, die chinesische Regierung bei der Zensur zu unterstützen, passiv billigen.

[18]Die Verwendung des Begriffs WAN ist möglicherweise kritisch, aber Goldsmith und Wu weisen bei diesem Punkt zwar überzeugende Referenzen auf, sind jedoch technisch unpräzise.

[19]Vgl. JACK L. GOLDSMITH und TIM WU, a. a. O., S. 87ff.

geistigem Eigentum oder zur Bekämpfung von organisierter Kriminalität und dem Recht auf freie Meinungsäußerung und freier Versammlung. Die meisten Internetfirmen sind nicht in der Lage, ohne Nutzung von Vermittlern wie Kreditunternehmen profitabel zu arbeiten. Nachdem der amerikanische Staat den Kreditunternehmen entsprechende Drohungen zugesandt hatte, gingen eine Reihe von Internetfirmen pleite.[20]

Kontrolle der Endbenutzer

Chinas Methode der systematischen Verhaftung ist zwar nicht in allen Ländern gleichermaßen zu finden, es gibt jedoch zunehmende die Tendenz, dass Staaten zur Abschreckung an einzelnen Endbenutzern ein Exempel statuieren. Die Idee besteht darin, für die Kriminalität oder das ungewünschte Verhalten im Internet ausreichend hohe Hürden aufzubauen, so dass es zwar möglich, aber weniger anlockend ist, sich entsprechend zu verhalten. Der psychologische Effekt ist an dem Beispiel von Torrents und ITunes nachzuvollziehen. Beides sind internet-basierte Möglichkeiten, um an digitale Musik zu kommen. Torrents sind kostenfrei, erfordern aber unter Umständen eine schnellere Leitung, entsprechende Fähigkeiten im Umgang mit Suchmaschinen, Installation von komplexer Software. ITunes kosten mehr, aber funktionieren sofort und bringen nicht die üblichen Probleme, wie Viren oder kaputte Dateien. Obwohl es möglich wäre, den offiziellen Weg zu vermeiden, und sich die Musik so zu beschaffen, machen die Musikindustrie und Apple Gewinn. Das Verhalten der Endbenutzer kann also durch ein entsprechendes Angebot-Kosten Verhältnis gesteuert werden.

4.3 Gleichheit und Reziprozität

In einer modernen Demokratie ist die Anzahl der Sprecher automatisch klein, die der Hörer groß. Daran ändere auch das Internet nichts.[21]

---

[20]Vgl. JACK L. GOLDSMITH und TIM WU, a. a. O., S. 76ff.
[21]Vgl. HANS-GEORG WELS, a. a. O.

Mit diesem einfachen Argument handelt Wels das Thema Offenheit im Internet ab. Es wird im Folgenden gezeigt werden, dass diese Sichtweise zu kurz greift und das Internet durchaus das Verhältnis von Sprechern und Hörern in der Öffentlichkeit beeinflusst:

Ortmann führt verschiedene Argumente an, warum das Internet Ungleichheit bewirkt. Sie räumt ein, dass das Internet in gewisser Hinsicht Gleichheit schaffe:

> Als Argument für die Entstehung einer egalitären Gesellschaft wird zudem häufig die ausschließlich schriftbasierte Kommunikation in den Netzen angeführt, die im Gegensatz zum „ Real Life" Anonymität ermöglicht und die sonst durch äußere Kennzeichen wie Geschlecht und Hautfarbe bedingte Stigmatisierung verhindert.[22]

Es werden Nutzer von Nichtnutzern getrennt, wodurch die Chancen ungleich verteilt würden. Klassische durch Leistung erworbene Strukturen würden dadurch aufgeweicht. Auch zwischen den Nutzern sei Gleichheit keinesfalls gegeben. Dafür führt sie kostenpflichtige Foren an, die bewusst zahlenden Kunden von Nichtzahlenden trennen, indem sie VIP-Foren und allgemeinen Foren pflegten. Zwar gab es diese Einrichtung in der Gestalt von Clubs schon vor dem Internet, jedoch lässt sich das Argument so verwenden, dass man im Internet diese gesellschaftliche Einrichtung nicht abschaffen konnte und es damit keine vollkommene Loslösung von Schichten oder von gesellschaftlichen Klassen bewirkt hat. Ortmann hebt auch hervor, dass Englisch im Internet die Hauptverkehrssprache geworden ist. Dies führt zu einer Bevorteilung gebildeter Schichten, die durch bessere Sprachkenntnisse ihre Argumente überzeugender vortragen können und damit ihre Interessen besser durchsetzen können. Auch technische Aspekte werden geltend gemacht. So können eine gewisse Geschicklichkeit im Tippen für einen Chat von mehr Bedeutung sein, als die rhetorische Aussagekraft der Argumente. Auch die Geschwindigkeit des Zugangs ist von dem Einkommen und der Lokalität der Nutzer abhängig.

[22]Vgl. SABRINA ORTMANN, Gesellschaft im Internet: Über die (Un)Gleichheit vor dem Bildschirm. 2001 (Website verfügbar auf: http://www.berlinerzimmer.de/eliteratur/ortmann_netzgesellschaft.pdf) – Zugriff am 21.08.2011, S. 5.

In diesem Absatz ist mehrfach angeklungen, dass Fähigkeiten eine besondere Rolle spielen. Diesen Gedanken kann man verallgemeinern. Ein mehr an spezifischen Fähigkeiten bedeuten im Internetzeitalter größere Macht. Die Behauptung lässt sich besonders gut an den berüchtigten Hackern veranschaulichen. Diese sind manchmal noch sehr jung und können dennoch multinationalen Unternehmen beträchtlichen Schaden bereiten. Häufig werden sie mit gutem Gehalt eingestellt oder mit Geld ruhig gestellt.[23]

Die Erreichbarkeit von Webseiten stellt eine der größten Herausforderungen an die Offenheit dar: Die Messbarkeit von Benutzerströmen lässt eine marktwirtschaftliche Wertung von Webseiten zu. Dadurch wird die Beliebtheit zu dem wichtigeren Merkmal als die Richtigkeit der Informationen. Das Internet kommt um dieses Problem der Massenmedien nicht herum.[24] Es werden sogar Stimmen laut, welche die Informationsverbreitung im Internet als Gefahr sehen, da die medialen Knotenpunkte durch die Suchmaschinen noch weiter in ihrer Position gefestigt werden. In einer Untersuchung wurden je nach Suchmaschine nur 60 Prozent der Webinhalte gefunden. Bei den heute üblichen Suchmaschinen wie Google oder Yahoo wird dieser Effekt durch die Kommerzialisierung der Suchergebnisse verstärkt.

Die Reziprozität im Internet ist genau wie die Gleichheit im Internet nicht unbedingt gegeben. Hindman[25] kommt in einer empirischen Studie zu überraschenden Ergebnissen. Das Internet ist noch zentraler aufgestellt als die üblichen Medien. Dies mag bei der überwältigenden Anzahl von Angeboten gegenintuitiv wirken. Hindman untersucht das "Search-Layer", die Suchschicht, des Internets. Er geht dabei von den Verlinkungen zwischen Webseiten aus. Diese spielen erwiesenermaßen sowohl bei dem Nutzerverhalten als auch bei den Suchmaschinen die zentrale Rolle, wichtiger noch als Geographie oder Sprache. Hindman kommt dabei zu der Erkenntnis, dass die Verlinkungen auf einer Potenzordnung basieren. Das heißt, dass der Unterschied zwischen beliebtesten und unbekanntesten Seiten um die Zahl der gemessenen Seiten

---

[23]So etwa der junge Norweger Jon Lech Johansen, der es 1999 im Alter von 15 Jahren schaffte, die Kopiersperre von DVDs auszuhebeln.
[24]Vgl. CHRISTOPH BIEBER, a. a. O., S. 45.
[25]Vgl. MATTHEW SCOTT HINDMAN, a. a. O., S. 38–56.

hoch 2.1 schwankt! Dieses Phänomen ließe sich auch auf die politisch relevanten Seiten übertragen. Dort verhalten sich die Zahlen in der gleichen Größenordnung. Diese empirische Analyse des Internets legt nahe, dass viele im Cyberspace sprechen, aber nur wenige gehört werden.

Ein anderer Aspekt ist die Auswahl der Seiten durch die Benutzer nach politischen Lagern. Sunstein[26] beschreibt, wie sich Foren der Demokraten und Republikaner isoliert in Echokammern verwandeln, in denen nur ein bereits gesicherter Konsensus wiederholt wird, anstatt sich diskursiv mit der anderen Meinung auseinanderzusetzen.

Wels weißt auch darauf hin, dass einst gemeinsam für relevant gehaltene Themen oder Wissenstatbestände abnehmen. Allerdings stellt sich diesbezüglich die Frage, ob dies eine Erscheinung des Internets ist, oder ob die Wissenskultur selber Veränderungen durchmacht. Vor wenigen Jahren war es in der Universität die Normalität, nicht die Ausnahme, dass Latein zum Allgemeinwissen gehört und Reden oder Aufsätze mit einem Lateinischen Satz geschmückt werden. Heutzutage bedeutet dies großes Mut, setzt man sich doch der Verdachts des Hochmuts aus. Dies zeigt, dass Latein, welches über Jahrhunderte als Allgemeingut der Gelehrten bestanden hat, heute diese Rolle verloren hat. Es ist also nicht zwingend gegeben, dass das Internet die Ursache für diese Art des sozialen Wandels darstellt.[27]

4.4 Offenheit und adäquate Kapazität

Offenheit umfasst zwei Aspekte. Erstens: Die Informationen, die für die Allgemeinheit von Bedeutung sind, erreichen diese auch. Zweitens: Akteure, die wichtige Informationen verkünden wollen, können auch gehört werden. Die entsprechenden Schlagwörter sind hier **Transparenz**, **Filter** und **Kapazität**.

---

[26]Vgl. CASS R. SUNSTEIN, Republic.com 2.0. 2. Auflage. Princeton [u.a.]: Princeton Univ. Press, 2009 (Website verfügbar auf: http://www.worldcat.org/oclc/633919125), ISBN 9780691143286.

[27]Vgl. HANS-GEORG WELS, a. a. O., S. 11.

Es geht hier also um Offenheit der Themen. Transparenz der Personen, die hinter den Themen stehen, ist eine leicht andere Problematik, die hier nur gestreift werden kann.[28]

In Deutschland ist es im Gegensatz zu anderen Ländern noch nicht allgemein üblich, dass Daten aus öffentlicher Hand durch Schnittstellen für alle erreichbar sind.

Die technologische Struktur des Internets selber erlaubt Zentralisierung. Denn Domainnamen sind begrenzt (Ipv4). So führt der Besitz von Domainnamen zu einer besseren Marketingposition (kürzere URL). Die Kontrolle über Top-Level Domains verstärkt diesen Effekt, indem alle Sub-Domains (Addressen, die mit den gleichen Ziffern beginnen) von dem Besitzer der Top-Level-Domain verwaltet werden können. Das neue Internetprotokoll (Ipv6) versucht dieses Problem zu beheben.[29]

Wie es anders gehen kann, zeigen Länder wie Großbritannien und die USA: Sie haben die Transparenz bei Behördeninformationen längst zum Regierungsprogramm gemacht. Erhobene Daten, die keinen persönlichen Bezug haben, veröffentlichen sie im Netz und machen sie durch offene Schnittstellen auch Entwicklern zugängig, die diese dann auswerten und visualisieren können.[30]

Es gibt dafür einzelne Bestrebungen, die Bürger bei den Entscheidungen zu beteiligen. Zum Beispiel hat die Enquete Kommission Internet und digitale Gesellschaft ein Forum, in dem über aktuelle Projekte wie Netzneutralität, Urheberrecht und Datenschutz sowohl abgestimmt als auch kommentiert werden kann.[31] Weiterführende Visionen sind kollektive Entscheidungsplatt-

---

[28]Das tragende Prinzip einer offenen Gesellschaft ist es aber, dass man mit seiner eigenen Identität am öffentlichen Meinungskampf teilnimmt. Wir brauchen eine Kultur der Offenheit und keine Foren, die sich in die Feigheit der Anonymität flüchten. Nur in bestimmten Sondersituationen – etwa beim Kinder- und Jugendschutz oder bei Selbsthilfegruppen – hilft Anonymität mehr als sie schadet. Zitat gefunden bei: GÜNTER KRINGS, Kultur der Offenheit muss auch im Internet herrschen: Mit der eigenen Identität an der offenen Gesellschaft teilnehmen. 22.08.2011 (Website verfügbar auf: http://www.cducsu.de/TabID__6/SubTabID__7/InhaltTypID__1/InhaltID__19464/inhalte.aspx) – Zugriff am 22.08.2011

[29]Vgl. CHRISTOPH BIEBER, a. a. O., S. 48.

[30]Vgl. JOHANNES KUHN, Transparenz durch das Internet: Die Netzkämpfer für Offenheit. 2010 (Website verfügbar auf: http://www.sueddeutsche.de/digital/politische-transparenz-durch-das-internet-die-netzkaempfer-fuer-offenheit-1.1020020) – Zugriff am 22.08.2011.

[31]http://www.bundestag.de/internetenquete/dokumentation/index.jsp

formen wie Liquid Democracy[32].

Neben der Transparenz ist auch die Kapazität von Bedeutung. Es hilft nichts, wenn entscheidende Informationen im Internet präsent sind, wenn nicht alle Zugang zum Internet haben. Die Schere zwischen denjenigen, die das Internet zur Verfügung haben, und den anderen ist noch nicht geschlossen. Die EU plant bis 2013 schnelles Internet für alle einzuführen.[33] Die Diskussion um den "Digital Divide" spielt sich auch auf deutscher Ebene ab. Denn bereits 2009 hat Kanzlerin Merkel bei der CeBit einen Vortrag gehalten, bei dem es darum ging, dass in Deutschland auch die letzten Prozent der Bürger die Möglichkeit für Breitbandanschlüsse erhielten und Mittel aus dem Konjunkturpaket als staatliche Beihilfe zum Ausbau der Infrastruktur angeboten würden. Alles in allem spricht viel dafür, dass es sich hierbei nur um einen vorübergehenden Zustand handelt, und das Internet sich mit der Zeit wie das Telefon auf fast alle Haushalte ausbreitet. Nichtsdestotrotz bleibt dies abzuwarten.

Neben der Kapazität einzelner Haushalte besteht das Problem auch auf regionaler Ebene. Dies liegt daran, dass auch das Internet in Zentren und Peripherien zerfällt. So reproduzieren die Datenleitungen die Machtzentren der realen Welt. Große Datenautobahnen verlaufen zwischen wichtigen Knotenpunkten der Welt, wie London, Frankfurt und New York. Dementsprechend findet man eine bessere Versorgung wie DSL am diesen Orten, wohingegen ganze regionale Landkreise noch mit Modems arbeiten.

---

[32]http://liqd.net/
[33]Vgl. HEDI SCHNEID.

4.5 Diskursive Struktur

Wels sieht in dem Internet das Potential von Diskursivität, wie sie von Peters beschrieben wird. So ermöglicht das Internet andere Kommunikationsstrukturen neben dem Broadcasting. Der Unterschied zu den klassischen Medien besteht darin, dass die Struktur des Internets es zulässt, dass es wesentlich mehr Sender gibt. Das Internet wird trotz der vorteilhaften Struktur den normativen Ansprüchen nicht gerecht. Wels nennt folgende Gründe:

- Technische Grenzen der Bandbreite.

- Internet-Nutzer bilden (noch) keinen repräsentativen Querschnitt der Bevölkerung.

- Die Art der Nutzung: Ob über Internet politische Kommunikation stattfindet, hängt davonab, ob die „User" von den entsprechenden Angeboten Gebrauch machen.

- Dominanz der Massenkommunikation im Netz: Trotz der interaktiven Möglichkeitendominieren im Netz one-to-many-Anwendungen, wozu auch Websites zählen.

- Mehr Information führt nicht automatisch zu mehr Transparenz. Relevante Informationenauszuwählen und kognitiv zu verarbeiten wird zur entscheidenden Herausforderung.[34]

Es gibt aber auch Stimmen, die durchaus Vorteile des Internets gegenüber den klassischen Medien sehen, was die Diskursive Struktur im Allgemeinen angeht. Pöttker stellt die durch das Internet vermittelte Öffentlichkeit dem klassischen Journalismus gegenüber. Das Internet habe den Vorteil, dass die journalistische Ethik keinen Einfluss hat. Wo Journalisten Nachrichtentauglichkeit und Seriosität benötigten, könne das Internet sich über derartige Borniertheit hinwegsetzen. Dafür erweise wäre es problematisch, dass das Internet weniger Gemeinsamkeiten schaffe. Nationaler Diskurs würde schwieriger,

---

[34]Vgl. HANS-GEORG WELS, a. a. O., S. 6.

da sich die Öffentlichkeit in immer kleinere Teilöffentlichkeiten zersplittere.[35]

Pöttgers sieht hierbei die journalistische Ethik als problematischen Filter von Informationen an. Tatsächlich ist dieser Filter notwendig. Denn die Masse an Informationen, die durch das Internet zugänglich gemacht werden, können nicht durch rein technische Methoden aufbereitet werden. Technische Suche nach Inhalten basiert auf Stichworten, Koizidenz von Aussagen, Analyse von Gewohnheiten, aber kaum auf semantischer Analyse der Inhalte.

Die Semantische Struktur von Inhalten im Sinne einer Ontologie darzustellen und damit eine logik-basierte Lagerung von Daten zu bewirken (Stichwort *semantic web*) steckt noch in den Kinderschuhen.[36] Bei dem Semantic Web werden die Daten in Datenbanken abgelegt, die logische Schlussfolgerungen ziehen können. Der Vorteil liegt darin, dass man bei Anfragen keine ungeordnete Menge von Ergebnissen bekommt, sondern eine logische Ketten von Begriffen mit Referenz auf den Kontext. Abbildung 3 zeigt die generelle Idee des Semantic Web.[37]

Abbildung 3: semantic web

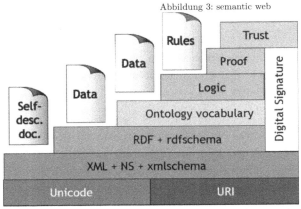

Bild heruntergeladen von: http://www.w3.org/2001/09/06-ecdl/swlevels.gif

---

[35]Vgl. Horst Pöttker, Öffentlichkeit(en) und Internet: Umbruch in der politischen Kommunikation? In Annegret März (Hrsg.), Internet. Band 8/2, Navigationen, Marburg: Schüren, 2008, ISBN 978-3-89472-550-1, S. 25.
[36]Vorlesung Wissensrepräsentation und Reasoning, Prof. Schaub, Universität Potsdam, Sommersemester 2011.
[37]Vgl.http://semanticweb.org/wiki/Main_Page.

Aber selbst bei ausgereifter Technologie wird es nötig bleiben, dass die Inhalte von Sachverständigen geordnet werden und in semantische Datenbanken eingegeben werden. Denn extensionales Wissen kann leider nicht automatisch bewiesen werden.[38] Es folgt, dass das Internet einer Institution wie dem Journalismus bedarf, die Informationen für die Allgemeinheit aufbereitet, sonst beschränkt sich der Diskurs auf das Nebeneinanderreihen von Halbwissen.

Das Internet bietet den Journalisten zwar neue Möglichkeiten, wie automatische Suche und automatische Inferenzen aus Fakten, jedoch die Selektion von Wichtigem und Unwichtigen muss von Menschenhand geschehen. Die Relevanz dieser Überlegung für die Einschätzung, ob das Internet Einfluss auf den Diskurs hat, liegt in der Frage, ob dieser unter solchen Umständen überhaupt möglich ist. Schlimmstenfalls verhindern zu viele Informationen, dass die Bürger sich mit den entscheidenden politischen Ereignissen überhaupt auseinandersetzen können.[39] Unter diesem Gesichtspunkt gewinnt der Niedergang der Zeitungsindustrie[40], die sich in ihrer heutigen Form nicht im Internet replizieren kann, dramatische Bedeutung für das funktionieren einer politischen Öffentlichkeit, wie wir sie definiert haben.

Brosda[41] stellt diesbezüglich die These auf, dass sich der Journalismus als Anwalt der Öffentlichkeit in dem Netz profilieren sollte. Als Grund hierfür gibt er an, dass das journalistische Handeln sich maßgeblich von dem der Massenmedien (Vgl. Abbildung 4) unterscheidet. Die Massenmedien und damit auch das Internet spezialisierten sich auf ökonomisch verwertbare Gesichtspunkte, während der Journalismus die Kritik und damit die kommunikative Rationalität betone. Ohne diesen würde die Öffentlichkeit durch das Erstarken der Massenmedien an diskursive Struktur verlieren.

---

[38]Vorlesung Theoretische Informatik II, Prof. Kreitz, Universität Potsdam, Sommersemester 2010.

[39]Vgl. CHRISTOPHER LASCH, The revolt of the elites and the betrayal of democracy. New York, NY: Norton, 1995, ISBN 039303695, S. 144.

[40]Vgl. TEXTEN FÜRS WEB, Experten-Anhörung im Bundestag: Zur Zukunft des Qualitätsjournalismus. 23. 02.2011 (Website verfügbar auf: http://www.spiegel.de/netzwelt/web/0,1518,608592,00.html) – Zugriff am 25.08.2011.

[41]Vgl. WOLFGANG LANGENBUCHER, Carsten Brosda: Diskursiver Journalismus: Journalistisches Handeln zwischen kommunikativer Vernunft und mediensystemischem Zwang. Publizistik, 53 [2008], 288–289 (Website verfügbar auf: http://dx.doi.org/10.1007/s11616-008-0106-6), ISSN 0033–4006.

Abbildung 4: Unterscheidung zwischen journalistischem Handeln und Massenmedien
Graphik aus: WOLFGANG LANGENBUCHER, a. a. O.

	Journalistisches Handeln	Massenmedien
gesellschaftstheoretische Verortung	Lebenswelt	System
maßgeblicher Handlungstypus	soziale Interaktion	Arbeit
Rationalitäsmodus	kommunikativ	instrumentelle / zweckrational
Zielorientierung	verständigungsorientiert	zweckorientiert
gesellschaftliche Leistung	Reproduktion symbolischer Ressourcen	Reproduktion materieller Ressourcen
Aufgabe / Funktion	kommunikative Koordinierung gesamtgesellschaftlichen Handelns	Generierung von Berichterstattung unter Maßgabe kommerzieller Verwertungs und Profitinteressen
Koordinationsmechanismus	ethische Diskurse	symbolisch generalisierte Steuerungsmedien
Legitmiationsgrundlage	Konsens	Effizienz

Weichert und al. sehen das Problem in einer Identitätskrise des Journalismus, die durch das Internet ausgelöst wird. Sie gehen davon aus, dass die klassischen Medien durch eine „digitale Mediapolis" abgelöst werden. Die digitale Mediapolis stellen sie sich als eine Art von multimedialem Raum vor, der Fernsehen, Radio und Printzeitungen vereinigt. Die Journalisten seien leider zum größtenteils auf die Umbrüche in ihrer Profession nicht vorbereitet, und müssen geschult werden. Sie gehen davon aus, dass es möglich sei, die journalistischen Strukturen im Internet wieder aufzubauen, allerdings erfordere dies das Umdenken von einigen Zitat „Neandertalern" der Branche.[42] Nur wenn die Menge an Informationen sinnvoll gefiltert und aufbereitet werden, ist ein habermasscher Diskurs im Internet denkbar.

Außer der Menge der Informationen ist auch der Stil der Gespräche entscheidend Wenn man im Jargon von „flaming" spricht, dann ist damit ge-

---

[42]Vgl. STEPHAN WEICHERT, LEIF KRAMP und ALEXANDER VON STREIT, Digitale Mediapolis: Die neue Öffentlichkeit im Internet. Köln: Halem, 2010, ISBN 978-3-86962-012-1, S. 34.

meint, dass sich Sprecher im Internet mit wüsten Beschimpfungen entgegentreten. Dabei können sie sich hinter der Anonymität der Pseudonyme verstecken.[43] Mit Diskurs haben diese Gespräche auf jeden Fall wenig zu tun. Es bleibt daher zweifelhaft, ob der ideale politische Diskurs im Internet mehr sein kann als ein Elitenprojekt.

5 Schlussbetrachtung

Aus der Theorie der Öffentlichkeit ergeben sich drei wichtige Messlatten, um zu beurteilen, ob das Internet gut für die Demokratie ist. Diese sind Gleichheit, Offenheit und Diskursivität. Bei jeder dieser Kategorien konnte gezeigt werden, dass das Internet *per se* die Demokratie nicht besser machen wird. Im Gegenteil: Es ist möglich, dass das Internet soziale Spaltungen erzeugen wird. Notwendig ist daher eine Sensibilisierung für die Probleme, die das Internet mit sich bringt. Unterschiede in Fähigkeiten mit oder Zugang zum Internet lassen sich mit Pädagogisierung und infrastruktureller Anbindung beheben (im Englischen spricht man von *Empowerment*).

Kritischer sind die angesprochenen Konzentrationsmechanismen, die das aktive Handeln von Staaten erfordern, damit nicht wenige *global player* die neue Welt unter sich aufteilen. Insbesondere hinsichtlich des Journalismus, kann man von einem Marktversagen sprechen, bei dem der Staat handeln sollte. Ein Sterben dieser Branche würde die Demokratie in ihrer historisch gewachsenen Form bedrohen. Denn ohne die Öffentlichkeit und ihre deliberative Wirkung stehen wir, wenn man Habermas glauben darf, wieder im 19. Jahrhundert.

Es wurde gezeigt, dass die Staaten dazu in der Lage sind, das Internet effektiv zu gestalten. Überzogene Ängste vor dem Eingreifen des Staates in das Internet sind dagegen nicht angebracht. Staaten haben schon seit Beginn des Internets Einfluss ausgeübt und die Illusion eines grenzenlosen Internets konnte nur durch die taktvolle Zurückhaltung der Staaten entstehen. Trotz des Handlungsbedarfs an Regulierung sollte man sich stets das Bild Chinas

---

[43]An dieser Stelle ließe sich auch das Beispiel der „Hate Radios" wieder aufgreifen.

vor Augen halten, um sich zu vergegenwärtigen, wohin die Zukunft des Internets in Europa auf jeden Fall nicht gehen sollte. Denn ein Mindestmaß an Partizipation im Internet ist für das Funktionieren der Demokratie maßgeblich und Entwicklung, die in die Richtung erweiterte Demokratie (*enhanced government*) weisen, sind zu begrüßen.

Aus den hier erörterten Argumenten ergibt sich für das Internet das Leitbild, eine gleiche, offene und diskursive politische Öffentlichkeit anzustreben.

6 Literatur

Bieber, Christoph: Politische Projekte im Internet: Online-Kommunikation und politische Öffentlichkeit. Frankfurt/Main: Campus-Verl, 1999, ISBN 9783593363448.

Feenberg, Andrew: Questioning technology. Reprinted. Auflage. London: Routledge, 2004 (Website verfügbar auf: `http://www.gbv.de/dms/bowker/toc/9780415197557.pdf`), ISBN 0415197546.

García Leguizamón, Fernando Mauricio: Vom klassischen zum virtuellen öffentlichen Raum: Das Konzept der Öffentlichkeit und ihr Wandel im Zeitalter des Internet. 2010.

Goldsmith, Jack L. und **Wu, Tim:** Who controls the internet? Illusions of a borderless world. Oxford: Oxford Univ. Press, 2008, ISBN 978–0–19–534064–8.

Günter Krings: Kultur der Offenheit muss auch im Internet herrschen: Mit der eigenen Identität an der offenen Gesellschaft teilnehmen. 22.08.2011 (Website verfügbar auf: `http://www.cducsu.de/TabID__6/SubTabID__7/InhaltTypID__1/InhaltID__19464/inhalte.aspx`) – Zugriff am 22.08.2011.

Hans-Georg Wels: Politische Öffentlichkeit und Kommunikation im Internet. Aus Politik und Zeitgeschichte, [2002], Nr. B39-40, 3–11 (Website verfügbar auf: `http://www.bpb.de/publikationen/SXPAD4,0,Politische_%D6ffentlichkeit_und_Kommunikation_im_Internet.html`) – Zugriff am 11.06.2011.

Hedi Schneid: EU will schnelles Internet für alle bis 2013. 2010 (Website verfügbar auf: `http://diepresse.com/home/politik/eu/595638/EU-will-schnelles-Internet-fuer-alle-bis-2013`) – Zugriff am 22.08.2011.

Hindman, Matthew Scott: The myth of digital democracy. Princeton, NJ: Princeton Univ. Press, 2009, ISBN 978–0–691–13868–8.

Horst Pöttker: Öffentlichkeit(en) und Internet: Umbruch in der politischen Kommunikation? In **März, Annegret** (Hrsg.), Internet. Band 8/2, Navigationen, Marburg: Schüren, 2008, ISBN 978–3–89472–550–1, 15–26.

Johannes Kuhn: Transparenz durch das Internet: Die Netzkämpfer für Offenheit. 2010 (Website verfügbar auf: http://www.sueddeutsche.de/digital/ politische-transparenz-durch-das-internet-die-netzkaempfer-fuer-offenhei 1020020) – Zugriff am 22.08.2011.

Jr., Arthur Schlesinger: Has Democracy a Future? Foreign Affairs, 76 [1997], Nr. 5, p 2–12 (Website verfügbar auf: http://www.jstor.org/ stable/20048196), ISSN 00157120.

Langenbucher, Wolfgang: Carsten Brosda: Diskursiver Journalismus: Journalistisches Handeln zwischen kommunikativer Vernunft und mediensystemischem Zwang. Publizistik, 53 [2008], 288–289 (Website verfügbar auf: http://dx.doi.org/10.1007/s11616-008-0106-6), ISSN 0033–4006.

Lasch, Christopher: The revolt of the elites and the betrayal of democracy. New York, NY: Norton, 1995, ISBN 0393036995.

Neuberger, Christoph: Wandel der aktuellen Öffentlichkeit im Internet. 2011 (Website verfügbar auf: http://www. google.de/url?sa=t&source=web&cd=1&ved=0CBsQFjAA&url= http%3A%2F%2Fegora.uni-muenster.de%2Fifk%2Fpersonen% 2Fbindata%2FPDF_tab_gutachten.pdf&rct=j&q=Neuberger% 20Wandle%20der%20aktuellen&ei=2D3zTfSRHI2TswaApp2TBg&usg= AFQjCNHolLSkTsFylIGYwgqzSK5LljG4Yw&cad=rja) – Zugriff am 11.06.2011.

Nohlen, Dieter und **Schultze, Rainer-Olaf:** Lexikon der Politikwissenschaft: Theorien Methoden Begriffe. Band 1464, Beck'sche Reihe, Orig.-Ausg., 4., aktualisierte und erg Auflage. München: Beck, 2010, ISBN 9783406592348.

Riehm, Ulrich: Bürgerbeteiligung durch E-Petitionen: Analysen von Kontinuität und Wandel im Petitionswesen. Band 29, Studien des Büros für Technikfolgen-Abschätzung beim Deutschen Bundestag, Berlin: Ed. Sigma, 2009, ISBN 9783836081290.

Sabrina Ortmann: Gesellschaft im Internet: Über die (Un)Gleichheit vor dem Bildschirm. 2001 (Website verfügbar auf: `http://www.`
`berlinerzimmer.de/eliteratur/ortmann_netzgesellschaft.pdf`) – Zugriff am 21.08.2011.

Siedschlag, Alexander (Hrsg.): Politische Öffentlichkeit. Band 2004/2005, Kursbuch Internet und Politik, 1. Auflage. Wiesbaden: VS Verl. für Sozialwiss, 2005, ISBN 3–531–14804–4.

Sunstein, Cass R.: Republic.com 2.0. 2. Auflage. Princeton [u.a.]: Princeton Univ. Press, 2009 (Website verfügbar auf: `http://www.worldcat.org/`
`oclc/633919125`), ISBN 9780691143286.

Texten fürs Web: Experten-Anhörung im Bundestag: Zur Zukunft des Qualitätsjournalismus. 23. 02.2011 (Website verfügbar auf: `http://`
`www.spiegel.de/netzwelt/web/0,1518,608592,00.html`) – Zugriff am 25.08.2011.

Weichert, Stephan, Kramp, Leif und **Streit, Alexander von:** Digitale Mediapolis: Die neue Öffentlichkeit im Internet. Köln: Halem, 2010, ISBN 978–3–86962–012–1.